Woyzeck

Herausgeber: Uwe Garske und Thomas Schützinger
Buchherstellung: Elma Krieger
Lektorat: Skrollan Kannengießer

3. Auflage 2022
ISBN 978-3-935229-39-5

EDITION 52 Hofaue 55 42103 Wuppertal
info@edition52.de

www.edition52.de
www.andreas-eikenroth.de

WOYZECK

eine grafische Inszenierung
von Andreas Eikenroth
nach den Fragmenten
von Georg Büchner

ZUM GELEIT:

"WOYZECK" ALS COMIC – WARUM?

NUN, ICH LEBE IN GIESSEN.
FÜR BÜCHNER WAR DIESE STADT, ZUSAMMEN MIT DARMSTADT,
DIE KULISSE SEINES DRAMAS.
AUCH DIE FIGUR DES DOKTORS FAND ER WOHL IN GIESSEN,
VERMUTLICH IN DER PERSON DES GIESSENERS DOKTOR WILBRAND,
DER SEINERZEIT IN GIESSEN LEHRTE.

ICH LAUFE ALSO TÄGLICH DURCH WOYZECK-LAND.

ZUDEM ARBEITE ICH MITTLERWEILE MEIN HALBES LEBEN LANG AM GIESSENER STADTTHEATER.
IN DIESER ZEIT BIN ICH WOYZECK IMMER WIEDER BEGEGNET:
IN VERSCHIEDENSTEN SCHAUSPIEL-INSZENIERUNGEN, ALS OPER, TANZ
UND SOGAR ALS PUPPENSPIEL.

DA WAR ES NUR EINE FRAGE DER ZEIT,
BIS ICH WOYZECK ZEICHNERISCH UMSETZEN MUSSTE.
ER HAT SICH MIR QUASI AUFGREDRÄNGT.

URSPRÜNGLICH SPIELT DAS DRAMA ANFANG DES 19. JAHRHUNDERTS.
ICH HABE IHN ETWAS NÄHER AN DIE GEGENWART GEHOLT,
DIE HANDLUNG FINDET NUN KNAPP HUNDERT JAHRE SPÄTER STATT,
IN EINER DIFFUSEN WEIMARER REPUBLIK.

SO HABE ICH AUCH DIE SPRACHE VORSICHTIG AN DEN STELLEN MODERNISIERT,
WO DER URSPRÜNGLICHE TEXT HEUTE KAUM NOCH VERSTANDEN WIRD.
(WER WEISS SCHON, DASS BEISPIELSWEISE MIT DEM "HAFEN" EIN NACHTTOPF GEMEINT IST?)

DIE STIMMUNG DER ZEIT UND DER UMSTÄNDE WOLLTE ICH NICHT DURCH EXAKTE KLEIDUNG
ODER ARCHITEKTUR WIEDERGEBEN, SONDERN EHER DURCH DIE KÜNSTLER JENER EPOCHE.
ALLEN VORAN GEORGE GROSZ, ABER AUCH KARL ARNOLD, EGON SCHIELE, MAX LIEBERMANN,
JEANNE MAMMEN ODER HEINRICH ZILLE HABEN DA MEINEN ZEICHNUNGEN PATE GESTANDEN.

ZUDEM HABE ICH AUF DIE GÄNGIGE PANEL-EINTEILUNG VERZICHTET
UND LIESS DIE HANDLUNG AUF GANZSEITIGEN BILDERN ENTSTEHEN.
SOZUSAGEN ALS "GRAFISCHE INSZENIERUNG".
DENN IM GRUNDE GENOMMEN IST DAS GANZE JA THEATER.

AUSSERDEM HABE ICH MICH EIN WENIG VON DER ÜBLICHEN REIHENFOLGE
DER HANDLUNGSFRAGMENTE ENTFERNT UND AUCH BÜCHNERS ERSTE ENTWÜRFE DES DRAMAS
BERÜCKSICHTIGT UND MIT EINFLIESSEN LASSEN,
SO DASS DIE HANDLUNG EINEN FÜR MICH SCHLÜSSIGEREN
SPANNUNGSBOGEN HAT. SCHLIESSLICH IST DAS WERK JA EIN FRAGMENT,
BÜCHNER KONNTE DIE GESCHICHTE NIE ZU ENDE SCHREIBEN.

WER WEISS, WIE ER DIE KAPITEL ZUSAMMENGEFÜGT HÄTTE?

VIELLEICHT SO...

LANGSAM, WOYZECK, LANGSAM!
EINS NACH DEM ANDERN. ER MACHT MIR GANZ SCHWINDELIG. WAS SOLL ICH DENN MIT DEN ZEHN MINUTEN ANFANGEN, DIE ER HEUT' ZU FRÜH FERTIG WIRD?
BEDENK ER, ER HAT NOCH SEINE SCHÖNE DREISSIG JAHR ZU LEBEN! MACHT 360 MONATE, UND TAGE, STUNDEN, MINUTEN! WAS WILL ER DENN MIT DER UNGEHEUREN ZEIT ALL' ANFANGEN? TEIL ER SICH EIN, WOYZECK!
JAWOHL, HERR HAUPTMANN.
WOYZECK, ER SIEHT IMMER SO VERHETZT AUS.

EIN GUTER MENSCH TUT DAS NICHT. WOYZECK – ER IST EIN GUTER MENSCH, ABER ER HAT KEINE MORAL. ER HAT EIN KIND OHNE DEN SEGEN DER KIRCHE, WIE UNSER HOCHEHRWÜRDIGER HERR GARNISONSPRIESTER SAGT.
DER LIEBE GOTT WIRD DEN ARMEN WURM NICHT DRUM ANSEHEN, OB DAS AMEN DRÜBER GESAGT IST, EH' ER GEMACHT WURDE.
DER HERR SPRACH: "LASSET DIE KINDLEIN ZU MIR KOMMEN."
WAS IST DAS FÜR 'NE KURIOSE ANTWORT? ER MACHT MICH GANZ KONFUS MIT SEINER ANTWORT. WENN ICH SAG: ER, SO MEIN ICH IHN, IHN!
WIR ARME' LEUT' – MAN HAT AUCH SEIN FLEISCH UND BLUT. UNSEREINS IST DOCH EINMAL UNSELIG IN DIESER UND DER ANDREN WELT. ICH GLAUB', WENN WIR IN DEN HIMMEL KÄMEN, SO MÜSSTEN WIR DONNERN HELFEN.

ER HAT KEINE TUGEND! FLEISCH UND BLUT? WENN ICH AM FENSTER LIEG', WENN'S GEREGNET HAT UND DEN WEISSEN STRÜMPFEN SO NACHSEHE, WIE SIE ÜBER DIE GASSEN SPRINGEN – VERDAMMT, WOYZECK, – DA KOMMT MIR DIE LIEBE. ICH HAB' AUCH FLEISCH UND BLUT. ABER DIE TUGEND!
ICH SAG' MIR IMMER:
"DU BIST EIN TUGENDHAFTER MENSCH"
"EIN GUTER MENSCH, EIN GUTER MENSCH."
JA, HERR HAUPTMANN, DIE TUGEND. ICH HAB'S NOCH NIT SO RAUS. SEHN SIE, WIR GEMEINE' LEUT, DAS HAT KEINE TUGEND, ES KOMMT EINEM NUR SO DIE NATUR.
ABER WENN ICH EIN HERR WÄR' UND HÄTT' EIN' HUT UND EINE UHR UND EINEN FRACK UND KÖNNT' VORNEHM REDEN, ICH WOLLT SCHON TUGENDHAFT SEIN. ES MUSS WAS SCHÖNES SEIN UM DIE TUGEND, ABER ICH BIN EIN ARMER KERL.
DU BIST EIN GUTER MENSCH. ABER DU DENKST ZUVIEL, DAS ZEHRT. DU SIEHST IMMER SO VERHETZT AUS. – DER DISKURS HAT MICH GANZ ANGEGRIFFEN: GEH' JETZT UND RENN' NICHT SO.

JA, ANDRES, DER PLATZ IST VERFLUCHT!
SIEHST DU DEN STREIF DA ÜBER'S GRAS HIN, WO DIE PILZE SO NACHWACHSEN? DA ROLLT ABENDS DER KOPF.
ES HOB IHN EINMAL EINER AUF, ER MEINT' ES WÄR' EIN IGEL.
DREI TAG' UND DREI NÄCHT' SPÄTER UND ER WAR TOT!
ANDRES, DAS WAREN DIE FREIMAURER!
ES WIRD FINSTER, FAST MACHST DU EINEM ANGST...

♫ SASSEN DORT ZWEI HASEN, FRASSEN AB DAS GRÜNE, GRÜNE GRAS... ♫
STILL! ES GEHT WAS! ES GEHT HINTER MIR, UNTER MIR. HOHL, HÖRST DU? ALLES HOHL DA UNTEN. DIE FREIMAURER!
POM!
POM!
ICH FÜRCHT' MICH.
'S IST SO KURIOS STILL. MAN MÖCHT' DEN ATEM ANHALTEN.
BIST DU EIN MAULWURF, SIND DEINE OHREN VOLLER STAUB?! HÖRST DU DAS FÜRCHTERLICHE GETÖS' AM HIMMEL, WIE POSAUNEN! ÜBER DER STADT ALLES GLUT! FORT, SIEH NICHT HINTER DICH!
WOYZECK! HÖRST DU'S NOCH?
STILL, ALLES STILL, ALS WÄR' DIE WELT TOT.

HE, BUB! HÖRST DU, DA KOMME' SIE!
WAS EIN MANN, WIE EIN BAUM.
ER STEHT AUF DEN FÜSSEN WIE EIN LÖW'.
EI, WAS FREUNDLICHE AUGE', FRAU NACHBARIN. SO WAS IS' MAN AN IHR NIT GEWOHNT.
IHRE AUGE' GLÄNZE' JA NOCH.
SOLDATEN, DAS SIND SCHÖNE BURSCH'...

UND WENN!
TRAG' SIE IHRE AUGE' ZUM JUD',
UND LASS SIE PUTZE'!
VIELLEICHT GLÄNZE' SIE NOCH, DASS MAN SIE FÜR ZWEI KNÖPF' VERKAUFE' KÖNNT'!
WAS SIE?! SIE?!
ICH BIN EINE HONETTE PERSON,
ABER SIE, SIE GUCKT SIEBE' PAAR
LEDERNE HOSE' DURCH!
LUDER!
KOMM, MEIN BUB.
WAS DIE LEUT' WOLLEN.
BIST DOCH NUR EIN ARM' HURENKIND
UND MACHST DEINER MUTTER FREUD'
MIT DEI'M UNEHRLICHE' GESICHT.

TOK TOK
TOK
BIST DU'S, FRANZ? KOMM HEREIN!
KANN NIT. MUSS ZUM APPELL.
HAST DU STECKEN GESCHNITTEN FÜR DEN MAJOR?
JA, MARIE.
WAS HAST DU, FRANZ? DU SIEHST SO VERSTÖRT AUS.
MARIE, ES WAR WIEDER WAS. DA GING EIN RAUCH VOM LAND. ES IST HINTER MIR HERGEGANGEN BIS VOR DIE STADT. ES WAR EIN FÜRCHTERLICH' GETÖS' AM HIMMEL UND ALLES VOLLER GLUT! ICH BIN SEHR VIEL AUF DER SPUR, SEHR VIEL. ETWAS, WAS UNS VON SINNEN BRINGT. ABER ICH HAB'S RAUS.
MANN!
ICH MUSS FORT. HEUT'ABEND AUF DIE MESSE. ICH HAB' WIEDER WAS GESPART.
DER MANN! SO VERGEISTERT. ER HAT SEIN KIND NICHT ANGESEHN. ER SCHNAPPT NOCH ÜBER MIT DEN GEDANKEN. ICH HALT'S NICHT AUS. ES SCHAUERT MICH.

AUF DER WELT IST KEIN BESTAND, WIR MÜSSEN ALLE STERBEN, DAS IST UNS WOHLBEKANNT
Schie
ARMER MANN, ALTER MANN! ARMES KIND, JUNG' KIND! SORGEN UND FEST. MARIE, SOLL ICH DICH TRAGEN?
MENSCH, SIND DOCH DIE NARREN VON VERSTANDE, DANN IST MAN SELBST EIN NARR. KOMISCHE WELT! SCHÖNE WELT!

MEINE HERRN! MEINE HERRN! SEHN SIE DIE KREATUR, WIE SIE GOTT GEMACHT! SEHN SIE JETZT DIE KUNST, HAT ROCK UND HOSEN AN, HAT EIN SÄBEL! HO! MACH' KOMPLIMENT! GIB KUSS!
MEINE HERRN, MEINE DAMEN! WICHT IST MUSIKALISCH!
HIER SIND ZU SEHN DAS ASTRONOMISCHE PFERD UND DIE KLEINE KANAILLEVOGEL, SIND LIEBLING VON ALLE GEKRÖNTE HÄUPTER EUROPAS! VERKÜNDIGE' DE' LEUT' ALLES! WIE ALT, WIEVIEL' KINDER, WAS FÜR KRANKHEIT!
SCHIESST PISTOL' LOS, STELLT SICH AUF EIN BEIN!

SEHN SIE DIE FORTSCHRITTE DER ZIVILISATION. ALLES SCHREITET FORT. EIN PFERD, EIN AFF', EIN KANAILLEVOGEL! DER AFF' IST SCHON SOLDAT, 'S IST NOCH NIT VIEL, UNTERSTE STUF' VON MENSCHLICHE' GESCHLECHT!
WILLST DU?
MEINETWEGE'. DAS MUSS SCHÖN DINGS SEIN. WAS DER MENSCH QUASTEN HAT.
HALT JETZT. SIEHST DU SIE! WAS'N WEIBSBILD.
TEUFEL, ZUM FORTPFLANZEN VON KÜRASSIERREGIMENTERN UND ZUR ZUCHT VON TAMBOURMAJOREN!
WIE SIE DEN KOPF TRÄGT, MAN MEINT, DAS SCHWARZ' HAAR MÜSST' SIE ABWÄRTS ZIEHEN, WIE EIN GEWICHT. UND AUGE', SCHWARZ...
ALS OB MAN IN EIN' ZIEHBRUNNEN ODER ZU EINEM SCHORNSTEIN HINUNTER GUCKT. FORT, HINTERDREIN.
WAS LICHTER, MEI' AUGE'!

ZEIG' DEIN TALENT! ZEIG DEINE VIEHISCHE VERNÜNFTIGKEIT! BESCHÄM' DIE MENSCHLICHE GESELLSCHAFT!
MEINE HERREN, DIES' TIER, DAS SIE DA SEHEN, SCHWANZ AM LEIB, AUF SEINE' VIER HUFE, IST PROFESSOR AN UNSRE UNIVERSITÄT, WO DIE STUDENTE' BEI IHM REITE' UND SCHLAGE' LERNE'.
IST UNTER DER GELEHRTEN GESELLSCHAFT DA EIN ESEL?
WIEVIEL IST ZWEI MAL ZWEI?
TOK
TOK
TOK
TOK
SEHN SIE, WELCH' VERNUNFT, ES KANN RECHNEN. KANN SICH NUR NIT AUSDRÜCKE', IST EIN VERWANDELTER MENSCH!

SAG' DEN HERRN, WIEVIEL UHR ES IST.
WER VON DEN DAMEN UND HERREN HAT EINE UHR?
EINE UHR?
DAS MUSS ICH SEHN!
EINE UHR? DA, MEIN HERR!

MARIE!
GEH' EINMAL VOR DICH HIN. ÜBER DIE BRUST WIE EIN STIER UND EIN BART WIE EIN LÖW'. SO IST KEINER.
ICH BIN STOLZ VOR ALLEN WEIBERN.
WENN ICH AM SONNTAG ERST DEN GROSSEN FEDERBUSCH HAB' UND DIE WEISSEN HANDSCHUH', DONNERWETTER, MARIE.
DER PRINZ SAGT IMMER: MENSCH, ER IST EIN KERL!
ACH, WAS!
UND DU BIST EIN WEIBSBILD. SAPPERMENT, WIR WOLLEN EINE ZUCHT VON TAMBOURMAJOREN ANLEGEN. HE?
LASS' MICH!
WILD' TIER!
RÜHR' MICH AN!
SIEHT DIR DER TEUFEL AUS DEN AUGEN?
MEINETWEGEN, ES IST ALLES EINS.

WAS ERLEB' ICH, WOYZECK? EIN MANN, EIN WORT.
WAS DENN, HERR DOKTOR?
ICH HAB'S GESEHN, WOYZECK; ER HAT AN DIE WAND GEPISST, WIE EIN HUND. UND DOCH ZWEI GROSCHEN TÄGLICH. WOYZECK, DAS IST SCHLECHT. DIE WELT WIRD SCHLECHT, SEHR SCHLECHT.
ABER HERR DOKTOR, WENN MAN NIT ANDERS KANN.
NIT ANDERS KANN! NIT ANDERS KANN! ABSCHEULICHER ABERGLAUBE! HAB' ICH NICHT NACHGEWIESEN, DASS DER BLASENSCHLIESSMUSKEL DEM WILLEN UNTERWORFEN IST? WOYZECK, DER MENSCH IST FREI. IM MENSCHEN VERKLÄRT SICH DIE INDIVIDUALITÄT ZUR FREIHEIT. DEN HARN NICHT HALTEN KÖNNEN...
HAT ER SCHON SEINE ERBSEN GEGESSEN?
MUSS ER NICHT WIEDER PISSEN?
ICH KANN NIT, HERR DOKTOR.

ABER AN DIE WAND PISSEN!
ICH HAB'S GESEHEN, MIT DIESEN AUGEN GESEHEN.
ICH STECKT' GRADE DIE NASE ZUM FENSTER HINAUS, UND LIESS DIE SONNENSTRAHLEN HINEINFALLEN, UM DAS NIESEN ZU BEOBACHTEN. NEIN, WOYZECK, ICH ÄRGERE MICH NICHT, ÄRGERN IST UNGESUND, IST UNWISSENSCHAFTLICH.
ICH BIN RUHIG, GANZ RUHIG. MEIN PULS HAT SEINE GEWÖHNLICHE' SECHZIG UND ICH SAG'S IHM MIT DER GRÖSSTEN KALTBLÜTIGKEIT. BEHÜTE, WER WIRD SICH ÜBER EINEN MENSCHEN ÄRGERN.
ABER, WOYZECK, ER HÄTTE DOCH NICHT AN DIE WAND PISSEN SOLLEN!
SEH'N SIE, HERR DOKTOR, MANCHMAL HAT EINER SO 'NEN CHARAKTER, SO 'NE STRUKTUR...
ABER MIT DER NATUR IST'S WAS ANDERES, SEH'N SIE, MIT DER NATUR, DAS IS' SO WAS, WIE SOLL ICH SAGEN...
WENN DIE WELT SO FINSTER WIRD, DASS MAN MIT DEN HÄNDEN AN IHR HERUMTAPPEN MUSS, DASS MAN MEINT', SIE VERRINNT WIE SPINNWEB'. WENN ALLES DUNKEL IST UND NUR NOCH EIN ROTER SCHEIN IM WESTEN.

ER PHILOSOPHIERT WIEDER.
HERR DOKTOR, HABEN SIE SCHON WAS VON DER DOPPELTEN NATUR GESEHN?
WENN DIE SONN' IM MITTAG STEHT UND ES IST, ALS GING DIE WELT IN FEUER AUF, HAT SCHON EINE FÜRCHTERLICHE STIMME ZU MIR GEREDT.
KERL, ER TASTET MIT SEINEN FÜSSEN HERUM WIE MIT SPINNENFÜSSEN.
DIE PILZE, HERR DOKTOR, DA STECKT'S. HABEN SIE SCHON GESEHN, IN WAS FÜR FIGUREN DIE PILZE AUF DEM BODEN WACHSEN? WER DAS LESEN KÖNNT'.
WOYZECK, ER HAT DIE SCHÖNSTE GEISTESVERWIRRUNG, SEHR SCHÖN AUSGEPRÄGT. ER KRIEGT EINEN GROSCHEN ZULAGE!
ZWEITE SPEZIES, FIXE IDEE. MIT ALLGEMEIN VERNÜNFTIGEM ZUSTAND. ER TUT NOCH ALLES WIE SONST, RASIERT SEIN' HAUPTMANN?
JAWOHL.
ISST SEI' ERBSE'? NICHTS ALS ERBSE', NICHTS ALS HÜLSENFRÜCHTE, MERK' ER SICH'S.
IMMER ORDENTLICH, HERR DOKTOR.
DAS GELD FÜR DIE VERPFLEGUNG KRIEGT MEI' FRAU.

WAS DIE STEINE GLÄNZE'! WAS SIND'S FÜR? WAS HAT ER GESAGT?
'S IST GEWISS GOLD! UNSEREINS HAT NUR EIN ECKCHEN IN DER WELT UND EIN STÜCKCHEN SPIEGEL UND DOCH HAB' ICH EINEN SO ROTEN MUND WIE DIE GROSSEN MADAMEN MIT IHREN SPIEGELN VON OBEN BIS UNTEN UND IHREN SCHÖNEN HERRN, DIE IHNEN DIE HÄND' KÜSSEN. ICH BIN NUR EIN ARM' WEIBSBILD.
WAS HAST DU?
NIX!
UNTER DEINEN FINGERN GLÄNZT'S JA.
EIN OHRRINGLEIN; HAB'S GEFUNDEN.
ICH HAB' SO NOCH NIX GEFUNDEN. ZWEI AUF EINMAL.
BIN ICH EINE SCHLAMPE?!

'S IST GUT, MARIE.
WAS DER BUB SCHLÄFT. DIE HELLEN TROPFEN STEHN IHM AUF DER STIRN; ALLES ARBEIT UNTER DER SONN'. SOGAR SCHWEISS IM SCHLAF. WIR ARME' LEUT'.
DA IS' WIEDER GELD, MARIE. DIE LÖHNUNG UND WAS VON MEI'M HAUPTMANN.
GOTT VERGELT'S, FRANZ.
ICH MUSS FORT. HEUT' ABEND, MARIE. ADIES!
ICH BIN DOCH EIN SCHLECHT' MENSCH! ICH KÖNNT' MICH ERSTECHEN! GEHT DOCH ALLES ZUM TEUFEL, MANN UND WEIB.

HERR DOKTOR, DIE PFERDE MACHEN MIR GANZ ANGST!
WENN ICH DENKE, DASS DIE ARMEN BESTIEN ZU FUSS GEHN MÜSSEN.
RENNEN SIE NICHT SO!
EIN GUTER MENSCH, DER EIN GUTES GEWISSEN HAT, GEHT NICHT SO SCHNELL.
HERR DOKTOR, ICH BIN SO SCHWERMÜTIG, ICH HABE SO WAS SCHWÄRMERISCHES.
ICH MUSS IMMER WEINEN, WENN ICH MEINEN ROCK AN DER WAND HÄNGEN SEHE.

HM, AUFGEDUNSEN, FETT, DICKER HALS. HERR HAUPTMANN, SIE KÖNNEN EINEN HIRNSCHLAG KRIEGEN.
HERR DOKTOR, ERSCHRECKEN SIE MICH NICHT. ES SIND SCHON LEUTE AM SCHRECK GESTORBEN.
WAS IST DAS, HERR DOKTOR?
DAS IST "DIE EINFALT".
WAS IST DAS, HERR HAUPTMANN?
HE HE
EIN "HOHLKOPF".
TOK TOK
ICH EMPFEHLE MICH, GEEHRTESTER HERR EXERZIERZAGEL.
GLEICHFALLS, BESTER HERR SARGNAGEL.

HE, WOYZECK, WAS HETZT ER SO AN UNS VORBEI? BLEIB ER DOCH, WOYZECK!
ER LÄUFT JA WIE EIN OFFENES RASIERMESSER DURCH DIE WELT, MAN SCHNEIDT SICH AN IHM.
WIE IS', WOYZECK, HAT ER NOCH NICHT EIN HAAR AUS EINEM BART IN SEINER RASIERSCHÜSSEL GEFUNDEN?
ER VERSTEHT MICH DOCH, EIN HAAR VON EINEM MENSCHEN – EINEM TAMBOURMAJOR?
ABER ER HAT EINE BRAVE FRAU. GEHT IHM NICHT WIE ANDEREN.
JAWOHL! WAS WOLLEN SIE SAGEN, HERR HAUPTMANN?

WAS ER FÜR EIN GESICHT MACHT! MUSS NUN AUCH NICHT IN DER SUPPE SEIN. ABER WENN ER SICH EILT UND UM DIE ECK' GEHT, KANN ER VIELLEICHT NOCH AUF EIN PAAR LIPPEN EINS FINDEN...
KERL, ER IST JA KREIDEWEISS.
Café
HERR HAUPTMANN, ICH BIN EIN ARM' TEUFEL, -UND HAB SONST NICHTS AUF DE' WELT, HERR HAUPTMANN, WENN SIE SPASS MACHEN-
DEN PULS, WOYZECK. KLEIN, HART, HÜPFEND, UNREGELMÄSSIG.
HERR HAUPTMANN, DIE ERD' IST HÖLLENHEISS, MIR EISKALT! EISKALT, DIE HÖLLE IST KALT, WOLLEN WIR WETTEN.
KERL, WILL ER ERSCHOSSEN WERDEN, WILL ER EIN PAAR KUGELN VOR DEN KOPF HABEN?
ER ERSTICHT MICH MIT SEINEN AUGEN UND ICH MEIN'S GUT MIT IHM, WEIL ER EIN GUTER MENSCH IST, WOYZECK, EIN GUTER MENSCH.
GESICHTSMUSKELN STARR, GESPANNT, ZUWEILEN HÜPFEND, HALTUNG AUFGEREGT, GESPANNT.

ICH GEH'!
ES IST VIEL MÖGLICH.
WIR HABEN SCHÖN' WETTER,
HERR HAUPTMANN.
SEHN SIE, SO EIN SCHÖNER, FESTER, GRAUER HIMMEL. MAN KÖNNTE LUST BEKOMMEN, EINEN HAKEN HINEINZUSCHLAGEN UND SICH DRAN AUFZUHÄNGEN.
JA UND NEIN?
IST DAS NEIN AM JA
ODER DAS JA AM NEIN SCHULD?
ICH WILL DRÜBER NACHDENKEN.
CIGARR
LICHTSPIEL
LUXOR
MIR WIRD GANZ SCHWINDELIG VON DEN MENSCHEN. WIE SCHNELL, DER LANGE SCHLEGEL GREIFT AUS, ALS LÄUFT DER SCHATTEN VON EINEM SPINNENBEIN. UND DER KURZE – DAS ZUCKELT. DER LANGE IST DER BLITZ UND DER KLEINE DER DONNER. HÄHÄ, HINTERDREIN. GROTESK! GROTESK!
PHÄNOMEN!
WOYZECK, ZULAGE!

ACH, BIST DU'S NOCH?! EI, WAHRHAFTIG, MAN SIEHT'S NICHT! OH, MAN MÜSST'S GREIFE' KÖNNE' MIT FÄUSTEN!
WAS HAST DU, FRANZ? DU BIST HIRNWÜTIG.
HAT ER DA GESTANDE', SO, SO? EINE SÜNDE, SO DICK UND SO BREIT. ES STINKT, DASS MAN DIE ENGELCHEN ZUM HIMMEL HINAUSRÄUCHERN KÖNNT'.
FRANZ, DU RED'ST IM FIEBER!
DU HAST EINEN ROTEN MUND. MARIE, DU BIST SCHÖN WIE DIE SÜNDE - KANN DIE TODSÜNDE SO SCHÖN SEIN?
ICH HAB' IHN GESEHN!
SCHLAMPE!
RÜHR' MICH NICHT AN, FRANZ! ICH HÄTT' LIEBER EIN MESSER IM LEIB, ALS DEINE HAND AUF MEINER!
NEIN, ES MÜSSTE WAS AN DIR SEIN! JEDER MENSCH IST EIN ABGRUND, ES SCHWINDELT EINEM, WENN MAN HINABSIEHT. SIE GEHT WIE DIE UNSCHULD. HAST DU EIN ZEICHEN AN DIR? WEISS ICH'S?

FRAU WIRTIN HAT 'NE BRAVE MAGD, SIE SITZT IM GARTEN, TAG UND NACHT, SIE SITZT IN IHREM GA-HARTEN...
ANDRES?
NU?
SCHÖN' WETTER.
SONNTAGSWETTER-MUSIK VOR DER STADT. VORHIN SIND DIE WEIBSBILDER HINAUS; DIE MENSCHE' DAMPFE', DAS GEHT!
TANZ, ANDRES, SIE TANZE'.
IM RÖSSEL UND IM STERNEN.
TANZ, TANZ!
ANDRES, ICH HAB' KEI' RUH'.
MEINETWEGE'
NARR!
SIE SITZT IN IHREM GARTEN, BIS DASS DAS GLÖCKLEIN ZWÖLFE SCHLÄGT, UND PASST AUF DIE SOLDA-ATEN.
ICH MUSS HINAUS. ES DREHT SICH MIR VOR DEN AUGEN. TANZ, TANZ! WIRD SIE HEISSE' HÄND' HABE'? VERDAMMT, ANDRES! ICH MUSS FORT, MUSS SEHEN!
DU UNFRIED! WEGEN DER SCHLAMPE?
ICH MUSS HINAUS, 'S IS' SO HEISS DAHIE.

MEI' SEELE STINKT NACH BRANNDEWEIN!
ICH WOLLT', UNSRE NASEN WÄR'N ZWEI FLASCHEN UND WIR KÖNNTEN SIE UNS EINANDER IN DEN HALS GIESSEN.
BRANNDEWEIN, DAS IST MEIN LEBEN, BRANNDEWEIN GIBT COURAGE!
WENN ICH'S EINE AUGE ZUMACHE UND ÜBER MEINE NAS' HINGUCKE, SO IS' ALLES ROSENROT. LEUCHT' MIR EINMAL EINER MIT DEM MOND ZWISCHEN DIE BEINE, OB ICH MEINEN SCHATTEN NOCH HAB'...
WARUM IST DER MENSCH? – WAHRLICH, ICH SAGE EUCH, VON WAS HÄTTEN DER SCHUSTER, DER SCHNEIDER LEBEN SOLLEN, WENN GOTT NICHT DEM MENSCHEN DIE SCHAMHAFTIGKEIT EINGEPFLANZT HÄTTE? VON WAS DER SOLDAT, WENN ER IHN NICHT MIT DEM BEDÜRFNIS, SICH TOTZUSCHLAGEN, AUSGERÜSTET HÄTTE?
EIN JÄGER AUS DER PFALZ, RITT EINST DURCH EINEN GRÜNEN WALD, HALLI, HALLO, GAR LUSTIG IST DIE JÄGEREI...
DARUM ZWEIFELT NICHT. JA, JA, ES IST LIEBLICH UND FEIN, ABER ALLES IRDISCHE IST NUTZLOS, SELBST DAS GELD GEHT IN VERWESUNG ÜBER. ZUM BESCHLUSS, GELIEBTE ZUHÖRER, LASST UNS ÜBER KREUZ PISSEN, DAMIT EIN JUD' STIRBT!

IMMER ZU, IMMER ZU!
IMMER ZU, IMMER ZU!
DREHT EUCH, WÄLZT EUCH. WARUM BLÄST GOTT NICHT DIE SONN' AUS, DASS ALLES IN UNZUCHT SICH ÜBEREINANDER WÄLZT? MANN UND WEIB, MENSCH UND VIEH.
TUT'S AM HELLEN TAG, TUT'S EINEM AUF DEN HÄNDEN, WIE DIE MÜCKEN.
DER KERL! WIE ER AN IHR HERUMTAPPT, AN IHREM LEIB, ER, ER HAT SIE – WIE ICH ZU ANFANG!
UND WIE DAS RIECHT! SIE HAT ROTE BACKEN UND WARUM RIECHT SIE SCHON?
WARUM WIRD ES MIR ROT VOR AUGEN? ES IST MIR, ALS WÄLZTEN SIE SICH IN EINEM MEER VON BLUT, ALL' MITEINANDER.

IMMER ZU!
IMMER ZU!
HISCH, HASCH, SO ZIEHN DIE GEIGEN UND DIE PFEIFEN!
IMMER ZU! IMMER ZU!
STILL, MUSIK!
WAS SPRICHT DA UNTEN AUS DEM BODEN HERVOR?
WAS SAGT IHR? LAUTER! LAUTER!
WAS DAS ZISCHT UND WIMMERT UND DONNERT!
"STICH, STICH DIE WOYZECKE TOT!"
HÖR ICH'S IMMER, SAGT'S DER WIND AUCH? "STICH TOT, TOT"....

ICH BIN EIN MANN!
EIN MANN SAG ICH!
ICH WILL IHM DIE NAS' INS ARSCHLOCH PRÜGELN!
WER WILL WAS? WER KEIN BESOFFNER HERRGOTT IST, DER LASS VON MIR!
DA, KERL, SAUF'! DER MANN MUSS SAUFEN, ICH WOLLT', DIE WELT WÄR' SCHNAPS!
KERL, SOLL ICH DIR DIE ZUNG' AUS DEM HALS ZIEHN UND SIE DIR UM DEN LEIB HERUMWICKELN?
SOLL ICH DIR NOCH SO VIEL ATEM LASSE', ALS 'EN ALTWEIBERFURZ?
ER BLUT'.
DER HAT SEIN FETT.
EINS NACH DEM ANDERN.

WAS MACHST DU DA?
WIEVIEL UHR IST'S?
Pfff...
SO, NOCH NICHT MEHR? ICH MEIN', ES MÜSSTE SCHNELLER GEHN UND ICH WOLLT', ES WÄR' ÜBERMORGEN ABEND.
WARUM?
DANN WÄR'S VORBEI.
WAS?
GEH' DEINER WEGE.
WAS SITZT DU DA VOR DER TÜR?
ICH SITZE GUT DA. ABER ES SITZEN MANCHE LEUT' VOR DER TÜR UND SIE WISSEN ES NICHT. ES WIRD MANCHER MIT DEN FÜSSEN VORAN AUS DER TÜR 'NAUS GETRAGEN.

KOMM' MIT!
ICH SITZ' GUT SO UND LÄG' NOCH BESSER GUT SO! JE KÜRZER, JE BESSER UND JE LÄNGER, UMSO BESSER.
WENN ALLE LEUT' WÜSSTEN, WIEVIEL UHR ES IST, SIE WÜRDEN SICH AUSZIEHN UND EIN SAUBERES HEMD ANTUN UND SICH DIE HOBELSPÄN' SCHÜTTELN LASSEN.
ER IST BESOFFEN...

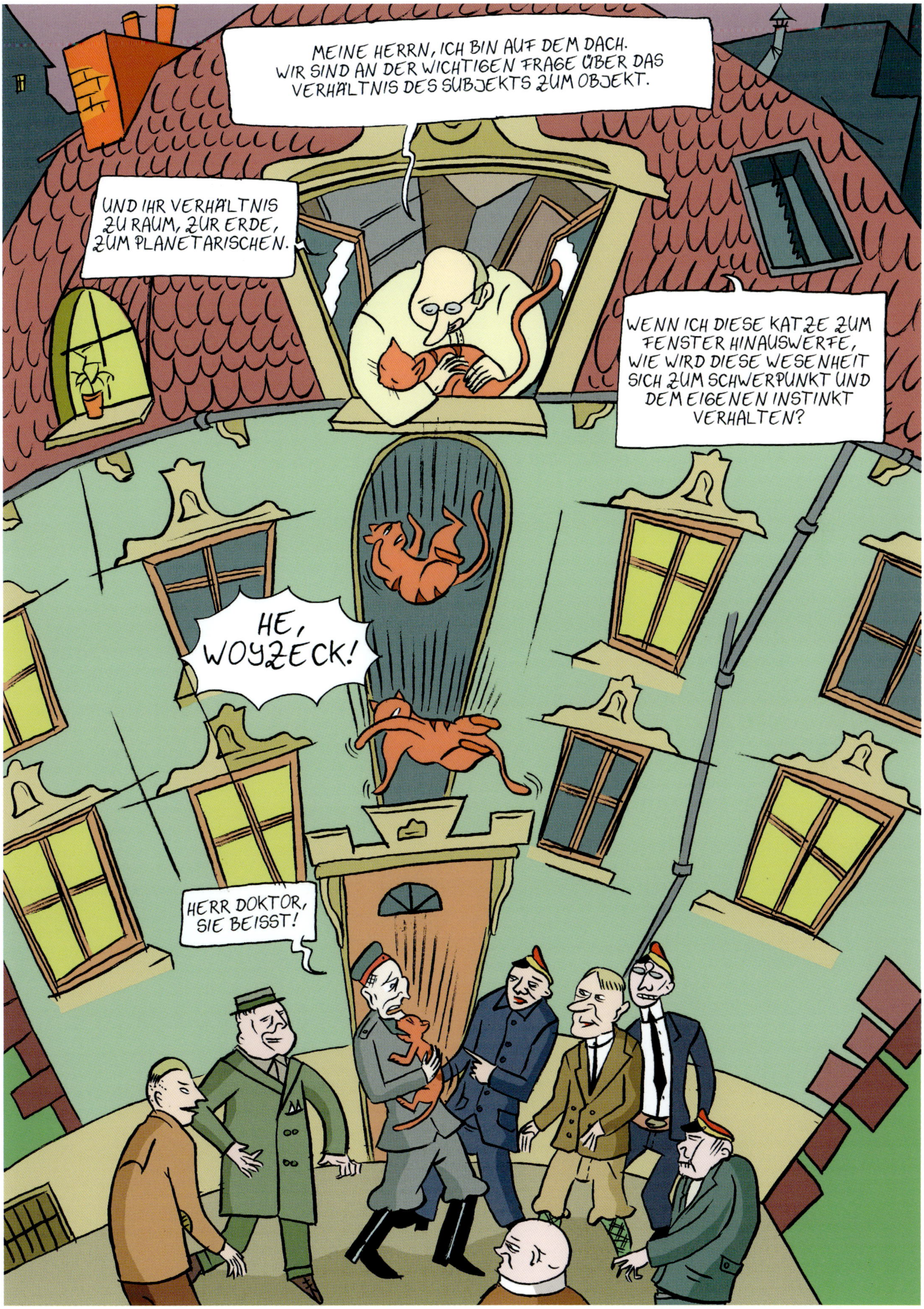
MEINE HERRN, ICH BIN AUF DEM DACH. WIR SIND AN DER WICHTIGEN FRAGE ÜBER DAS VERHÄLTNIS DES SUBJEKTS ZUM OBJEKT.
UND IHR VERHÄLTNIS ZU RAUM, ZUR ERDE, ZUM PLANETARISCHEN.
WENN ICH DIESE KATZE ZUM FENSTER HINAUSWERFE, WIE WIRD DIESE WESENHEIT SICH ZUM SCHWERPUNKT UND DEM EIGENEN INSTINKT VERHALTEN?
HE, WOYZECK!
HERR DOKTOR, SIE BEISST!

KERL, ER GREIFT DIE BESTIE SO ZÄRTLICH AN, ALS WÄR'S SEINE GROSSMUTTER
HERR DOKTOR, ICH HAB'S ZITTERN.
MEINE HERRN, DAS TIER HAT KEINEN WISSENSCHAFTLICHEN INSTINKT...
SIE KÖNNEN DAFÜR WAS ANDERES SEHEN. SEHN SIE, DER MENSCH, SEIT EINEM VIERTEL JAHR ISST ER NICHTS ALS ERBSEN. BEACHTEN SIE DIE WIRKUNG, FÜHLEN SIE EINMAL...
...WAS EIN UNGLEICHER PULS, DA, UND DIE AUGEN.
HERR DOKTOR, ES WIRD MIR DUNKEL...

COURAGE! WOYZECK, NOCH EIN PAAR TAGE UND DANN IST'S FERTIG. FÜHLEN SIE, MEINE HERRN, FÜHLEN SIE.
A PROPOS, WOYZECK, BEWEG' DEN HERRN DOCH EINMAL DIE OHREN, ICH HAB' ES IHNEN SCHON ZEIGEN WOLLEN. ZWEI MUSKELN SIND BEI IHM TÄTIG. ALLONS, FRISCH!
ACH, HERR DOKTOR!
BESTIE, SOLL ICH DIR DIE OHREN BEWEGEN, WILLST DU'S MACHEN WIE DIE KATZE!
BATSCH!
SO, MEINE HERRN, DAS SIND SO ÜBERGÄNGE ZUM ESEL, HÄUFIG AUCH ALS FOLGE WEIBLICHER ERZIEHUNG UND MUTTERSPRACHE.

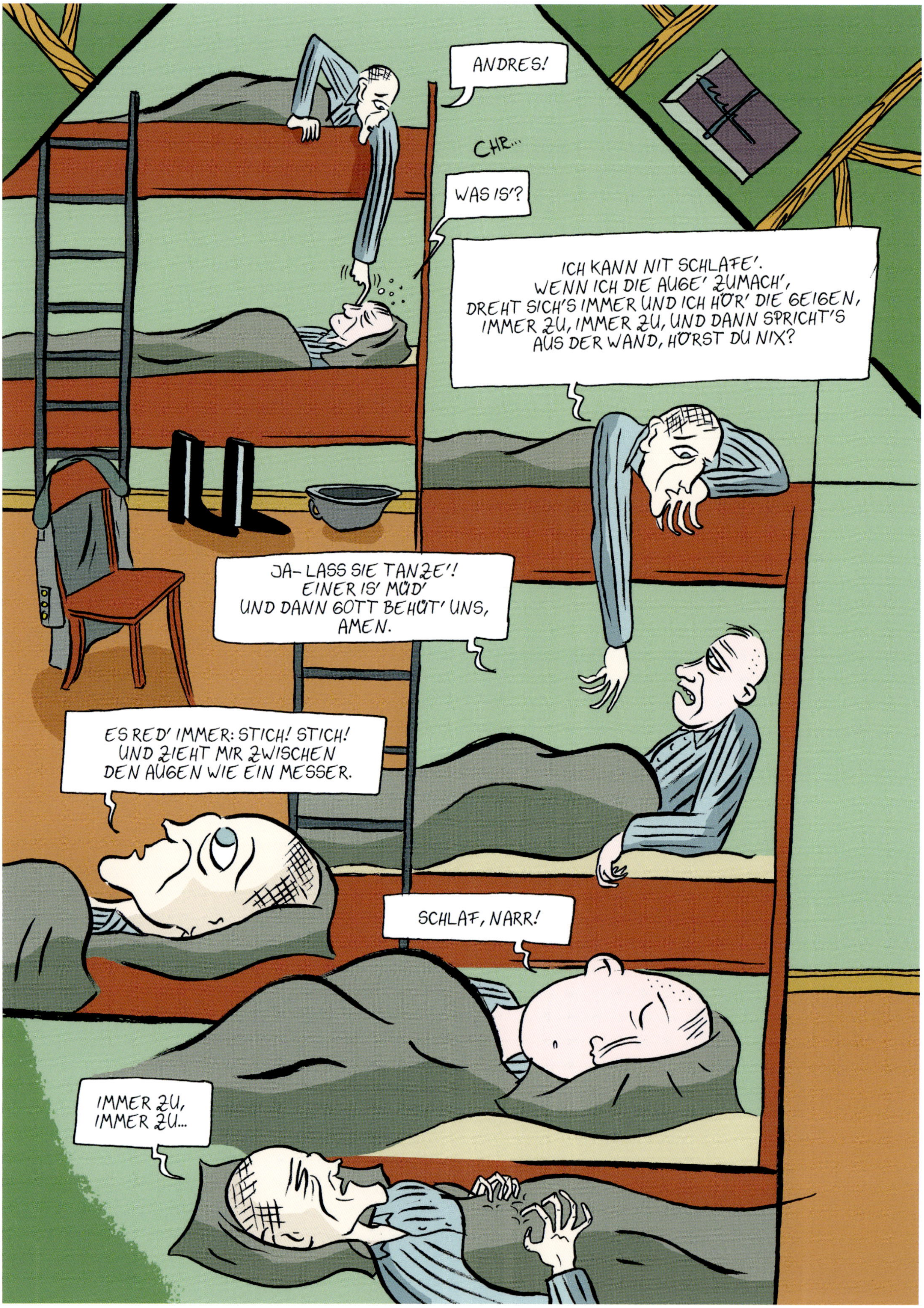
ANDRES!
CHR...
WAS IS'?
ICH KANN NIT SCHLAFE'. WENN ICH DIE AUGE' ZUMACH', DREHT SICH'S IMMER UND ICH HÖR' DIE GEIGEN, IMMER ZU, IMMER ZU, UND DANN SPRICHT'S AUS DER WAND, HÖRST DU NIX?
JA- LASS SIE TANZE'! EINER IS' MÜD' UND DANN GOTT BEHÜT' UNS, AMEN.
ES RED' IMMER: STICH! STICH! UND ZIEHT MIR ZWISCHEN DEN AUGEN WIE EIN MESSER.
SCHLAF, NARR!
IMMER ZU, IMMER ZU...

DIE WESTE, ANDRES, DU KANNST SIE BRAUCHE', ANDRES.
JAWOHL.
DAS KREUZ IS' MEINER SCHWESTER UND DAS RINGLEIN, ES LAG IN MEINER MUTTER BIBEL.
JAWOHL.
"FRIEDRICH JOHANN FRANZ WOYZECK, WEHRMANN IM ZWEITEN REGIMENT, ZWEITES BATAILLON, VIERTE KOMPANIE. GEBOREN MARIÄ VERKÜNDUNG." ICH BIN HEUT' ALT DREISSIG JAHR', SIEBEN MONAT' UND ZWÖLF TAGE.
FRANZ, DU KOMMST IN'S LAZARETT. ARMER, DU MUSST SCHNAPS TRINKE' UND PULVER DRIN, DAS TÖT' DAS FIEBER.
JA, ANDRES, WENN DER SCHREINER DIE HOBELSPÄN' SAMMELT, ES WEISS NIEMAND, WER SEINEN KOPF DRAUFLEGEN WIRD.

"UND IST KEIN BETRUG IN SEINEM MUNDE ERFUNDEN."
HERRGOTT, HERRGOTT, SIEH' MICH NICHT AN.
Aber die Pharisäer brachten ein Weib zu ihm, im Ehebruch begriffen.
und stelleten sie in's Mittel dar.
Jesu aber sprach: So verdamme ich dich auch nicht.
Geh hin und sündige hinfort nicht mehr.
Und trat hinein zu seinen Füssen und weinetet und fing an, seine Füsse zu netzen mit Tränen
und mit den Haaren ihres Hauptes zu trocknen und küsseteт seine Füsse und salbete sie mit Salben.
HERRGOTT, ICH KANN NICHT. GIB' MIR NUR SO VIEL, DASS ICH BETEN KANN.
DER HAT DIE GOLDEN' KRON, DER HERR KÖNIG. MORGEN HOL' ICH DER FRAU KÖNIGIN IHR KIND. BLUTWURST SAGT: KOMM', LEBERWURST.
DAS KIND GIBT MIR EINEN STICH INS HERZ. DAS BRÜST' SICH IN DER SONNE.
DER FRANZ IS' NIT GEKOMMEN, GESTERN NIT, HEUT' NIT.
ES WIRD HEISS HIER!

HAST' NIX GEHÖRT?
ER HAT WAS GESAGT.
ER IST DA VORBEI MIT EINEM KAMERADEN.
WOHER WEISST DU'S? WAS SOLL ICH'S SAGEN? NU', ER LACHTE, UND DANN SAGT' ER: EIN KÖSTLICH WEIBSBILD! DIE HAT SCHENKEL UND ALLES SO HEISS!
SO, HAT ER DAS GESAGT? VON WAS HAT MIR DOCH HEUT' NACHT GETRÄUMT? WAR'S NICHT VON EINEM MESSER? WAS MAN DOCH NÄRRISCHE TRÄUME HAT.
WOHIN, KAMERAD?
MEINEM OFFIZIER WEIN HOLEN.
ABER, ANDRES, SIE WAR DOCH MEIN EINZIG' MÄDEL.
WER WAR?
NIX. ADJES!

DAS PISTÖLCHEN IST ZU TEUER.
NU', KAUFT'S ODER KAUFT'S NIT, WAS IS'?
WAS KOST' DAS MESSER?
ES IST GANZ GRAD'. WOLLT IHR EUCH DEN HALS 'MIT ABSCHNEIDEN? NU', WAS IS'ES? ICH GEB' ES EUCH SO BILLIG WIE EIN ANDRER. IHR SOLLT EUREN TOD BILLIG HABEN, ABER DOCH NIT UMSONST. WAS IS' ES? ER SOLL EINEN ÖKONOMISCHEN TOD HABEN.
DAS KANN MEHR ALS BROT SCHNEIDEN.
ZWEE GROSCHE'.
DA!
DA! ALS OB'S NICHTS WÄR'! UND ES IST DOCH GELD. -DER HUND.

DAS IS' NIT SCHÖN.
WAS WILLST DU AUCH IMMER.
WAS HAST' ZUERST ANGEFANGEN?
WARUM?
DARUM!
ABER WARUM DARUM?
ES MUSS SINGEN.
ICH KANN NIT.
KOMMT, IHR KLEINE' KRABBEN!
MARIECHEN, SING DU UNS!

ES WAR EINMAL EIN ARM' KIND' UND HATT' KEIN' VATER UND KEINE MUTTER. ALLES WAR TOT UND NIEMAND MEHR AUF DER WELT.
ALLES TOT, UND ES IS' HINGEGANGEN UND HAT GESUCHT TAG UND NACHT.
UND WEIL AUF DER ERDE NIEMAND MEHR WAR, WOLLT'S IN' HIMMEL GEHN, UND DER MOND GUCKT ES SO FREUNDLICH AN.
UND WIE'S ENDLICH ZUM MOND KAM, WAR'S EIN STÜCK FAUL' HOLZ.
UND DA IST ES ZUR SONN' GEGANGEN.
UND WIE'S ZUR SONN' KAM, WAR'S EINE VERWELKTE SONNENBLUME.
UND WIE'S ZU DEN STERNEN KAM, WAREN'S KLEINE, GOLDNE MÜCKEN, DIE WAREN ANGESTECKT, WIE SIE DER NEUNTÖTER AUF DIE SCHLEHEN STECKT.
UND WIE'S WIEDER AUF DIE ERDE WOLLT', WAR DIE ERD' EIN UMGESTÜRZTER NACHTTOPF. UND ES WAR GANZ ALLEIN.
UND DA HAT SICH'S HINGESETZT UND GEWEINT UND DA SITZT ES NOCH UND IS' GANZ ALLEIN.

MARIE!
WAS IS'?
WIR WOLLEN GEHN.
'S IS' ZEIT.
WO HINAUS?
WEISS ICH'S?

'S IS' FINSTER.
DU SOLLST NOCH BLEIBEN. KOMM, SETZ' DICH.
ABER ICH MUSS FORT.
WEISST DU AUCH, WIE LANG' ES JETZT IS', MARIE?
AN PFINGSTEN ZWEI JAHR'.
ICH MUSS FORT, DAS NACHTESSEN RICHTEN.
WEISST DU AUCH, WIE LANG' ES NOCH SEIN WIRD?

FRIERT'S DICH MARIE? UND DOCH BIST DU WARM. WAS FÜR HEISSE LIPPEN DU HAST.
HEISS, HEISSER HURENATEM. UND DOCH MÖCHTE ICH DEN HIMMEL GEBEN, SIE NOCH EINMAL ZU KÜSSEN.
WENN MAN KALT IST, SO FRIERT MAN NICHT MEHR. DU WIRST VORM MORGENTAU NICHT FRIEREN.
WAS SAGST DU?
NIX.
WAS DER MOND ROT AUFGEHT.
WIE EIN BLUTIG' EISEN.

WAS HAST DU VOR, FRANZ?
DU BIST SO BLASS.
FRANZ, HALT!
UM HIMMELS WILLEN!
HILFE!
HILFE!
KANNST DU NIT STERBEN?!
NIMM' DAS! UND DAS!
HA, SIE ZUCKT NOCH!
SO! SO!
BIST DU TOT!?
NOCH NICHT?
NOCH NICHT!?
TOT!
TOT!

HALT!
HÖRST DU? STILL, DA!
UH! DA! WAS EIN TON!
UND JETZT WIEDER! WIE EIN MENSCH, DER STIRBT.
ES IST DAS WASSER, ES RUFT: SCHON LANG' IST NIEMAND ERTRUNKEN. FORT! ES IST NICHT GUT, ES ZU HÖREN!
ES IST UNHEIMLICH, SO DUNSTIG, ALLENTHALBEN NEBELGRAU, UND DAS SUMMEN DER KÄFER WIE GESPRUNG'NE GLOCKEN. FORT!

TANZT ALLE, IMMERZU! SCHWITZT UND STINKT, ER HOLT EUCH DOCH EINMAL ALLE.
♫ FRAU WIRTIN HAT 'NE BRAVE MAGD, SIE SITZT IM GARTEN TAG UND NACHT, SIE SITZT IN IHREM GA-HARTEN, BIS DASS DAS GLÖCK-LEIN ZWÖLFE SCHLÄGT UND PASST AUF DIE SOLDA-HA-TEN ♫
SO, KÄTHE, SETZ' DICH. MIR IST HEISS, HEISS. ES IST EINMAL SO, DER TEUFEL HOLT DIE EINE UND LÄSST DIE ANDRE LAUFEN.
KÄTHE, DU BIST HEISS! DU WIRST AUCH NOCH KALT WERDEN. SEI VERNÜNFTIG. KANNST DU NICHT SINGEN?

INS SCHWABENLAND, DAS MAG ICH NICHT UND LANGE KLEIDER TRAG' ICH NICHT, DENN LANGE KLEIDER, SPITZE' SCHUH', DIE KOMMEN KEINER DIENSTMAGD ZU
NEIN, KEINE SCHUH', MAN KANN AUCH OHNE SCHUH' IN DIE HÖLL' GEHN.
ABER WAS HAST DU AN DEINER HAND?
ICH?
ICH?
ROT! BLUT!
UH-BLUT!
BLUT?

ICH GLAUB', ICH HAB' MICH GESCHNITTEN, DA AN DER RECHTEN HAND.
WIE KOMMT'S ABER AN DEN ELLENBOGEN?
ICH HAB'S ABGEWISCHT.
WAS, MIT DER RECHTEN HAND AN DEN RECHTEN ELLENBOGEN? IHR SEID GESCHICKT.
TEUFEL, WAS WOLLT IHR? WAS GEHT'S EUCH AN? PLATZ! ODER DER ERSTE-
TEUFEL! MEINT IHR, ICH HÄTT' JEMAND' UMGEBRACHT? BIN ICH EIN MÖRDER?
WAS GAFFT IHR SO? GUCKT EUCH SELBST AN! PLATZ DA!

DAS MESSER?
WO IST DAS MESSER?
ICH HAB' ES DA GELASSEN.
ES VERRÄT' MICH!
NÄHER,
NOCH NÄHER!
WAS IST DAS FÜR EIN PLATZ?
WAS HÖR' ICH?
ES RÜHRT SICH WAS.
STILL. DA IN DER NÄHE.
MARIE? HA, MARIE!
WAS BIST DU SO BLEICH,
MARIE?
WAS HAST DU FÜR EINE
ROTE SCHNUR UM
DEN HALS?
BEI WEM HAST DU
DAS HALSBAND VERDIENT,
MIT DEINEN SÜNDEN?

DA LIEGT WAS! KALT, NASS. DAS MESSER, DAS MESSER. HAB ICH'S? SO!
SO, DA HINUNTER!
ES TAUCHT IN DAS DUNKLE WASSER, WIE EIN STEIN.
NEIN, ES LIEGT ZU WEIT VORN. WENN SIE SICH BADEN.
SO, JETZT.
ABER IM SOMMER, WENN SIE TAUCHEN NACH MUSCHELN.
BAH, ES WIRD ROSTIG.
WER KANN'S ERKENNEN. -HÄTT' ICH ES ZERBROCHEN!

BIN ICH NOCH BLUTIG?
ICH MUSS MICH WASCHEN.
DA, EIN FLECK!
UND DA NOCH EINER!

EIN GUTER MORD, EIN ECHTER MORD,
EIN SCHÖNER MORD.
SO SCHÖN ALS MAN IHN NUR VERLANGEN TUN KANN.
WIR HABEN SCHON LANGE SO KEIN' MEHR GEHABT.

WOYZECK

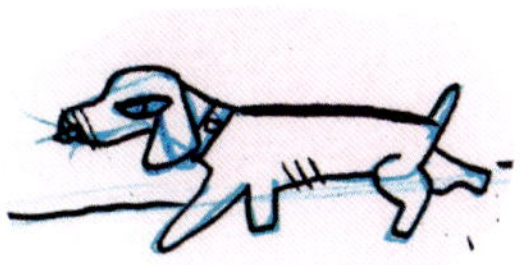

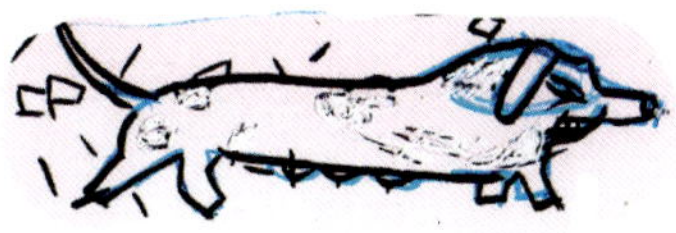

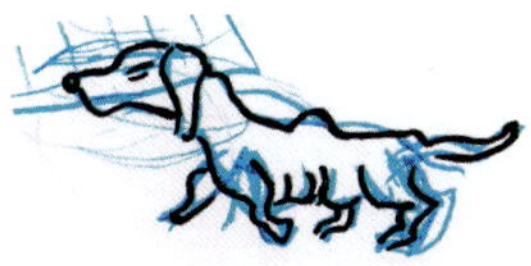

ANDREAS EIKENROTH BEI EDITION 52:

-DIE SCHÖNHEIT DES SCHEITERNS

-HUMMEL MIT WODKA